Escuela de Traders II

100 preguntas vitales para crear tu plan de trading en menos de un día

DAVID LÓPEZ BALLESTER

100 preguntas vitales para crear tu plan de trading en menos de un día

Escuela de Traders II

100 Preguntas vitales para crear
tu plan de trading en menos de un día.

David López Ballester

1ª edición
ISBN-13: 978-1975708078
ISBN-10: 1975708075

Maquetación, diseño y textos:
© 2017 David López Ballester
Ilustración de portada: © 2017 Jewell Design
Revisión del texto: Javier Gómez y Bruno Roldán
Todos los derechos reservados

Quedan rigurosamente prohibidas, sin la autorización por escrito de los titulares del copyright, bajo las sanciones establecidas por las leyes, la reproducción parcial o total de esta obra por cualquier medio o procedimiento, comprendidos la reprografía y el tratamiento informático, y la distribución de ejemplares de esta edición mediante alquiler o préstamos públicos.

Regalo para los lectores

¡Gracias por comprar este libro!

Estoy comprometido totalmente, quiero conseguir que tu inversión en tiempo y dinero rinda el mejor interés...

Para ello he creado el mini-curso de iniciación al Trading...

Una formación guiada gratuita de 6 vídeo-lecciones que son el complemento perfecto para este libro. Podrás practicar muchos de los conceptos que aprenderás al leer esta obra.

No tienes que buscar más, aquí está todo lo que necesitas saber para dar comienzo a tu carrera como Trader y empezar a generar esos recursos extra que tanto mereces, aún sin experiencia y con poco capital.

Visita el siguiente link y empieza la formación ahora mismo.

http://bit.ly/CursoTradingFuturos

Este libro está dedicado a todos esos traders que se lanzan en busca de una vida mejor, que no están dispuestos a cambiar su tiempo y libertad por unas míseras monedas y el espejismo de seguridad que viene junto a ellas…

Me encanta que los planes salgan bien.
JOHN HANNIBAL SMITH

Índice

Preámbulo	11
Introducción	15
Objetivos personales	21
Establecimiento del negocio	33
Flujo de caja	55
Sistema	65
Operativa	75

Preámbulo

Mi objetivo al escribir este libro es proporcionarte una guía que te ayude a crear tu propio plan de trading. Cuando yo empecé a operar en los mercados hace ya mucho tiempo, lo hice sin contar con uno, y pagué mi error con sangre, sudor y lágrimas.

Durante todos estos años he aprendido la importancia de aplicar un pensamiento estratégico, abordando el trading como un negocio. No importa si lo que buscas es conseguir generar recursos extras, o si lo que quieres es llegar a ser un trader profesional.

Conocer los aspectos clave necesarios para realizar una buena planificación, te proporcionarán los cimientos sobre los que construir tu carrera como especulador en los mercados. Con este ejercicio de análisis obtendrás una mejor comprensión de ti mismo, de la forma en la que operas, y de cómo entiendes los mercados. Esto no es una cosa baladí, con este conocimiento estarás mejor equipado para afrontar todas y cada una de las batallas que te esperan.

El libro está estructurado en cinco capítulos, cada uno de ellos cuenta con una serie de cuestiones a las que tendrás que responder. Hazlo con calma, sin prisa, pero hazlo… No dejes ningún cabo sin atar.

Las preguntas que encontrarás han sido seleccionadas cuidadosamente, fruto de años de estudio, basándome en mi propia experiencia, y en la de mucha gente que se ha estrellado contra los mismos muros una y otra vez, dejándose allí destrozadas sus ilusiones y sueños de alcanzar una vida mejor…

Si tu nivel de implicación en conseguir ser un buen trader es alto, no te importará invertir el tiempo y esfuerzo necesarios para la elaboración, desarrollo e implementación del plan. Es más, disfrutarás con ello. Si no es así, permíteme preguntarte algo:

¿Esperas de verdad conseguir el éxito en el trading?

Sé que has contestado que sí, pues no estarías leyendo este libro si no fuera así. Perfecto, ahora has de tener lo que se necesita para sentarte y crear tu mapa de ruta.

Si eres un trader con cierta experiencia seguro que conocerás muchos de los conceptos que verás expuestos a continuación. No bajes la guardia, es de vital importancia para tu supervivencia en esta aventura del trading que medites y encuentres una respuesta a cada una de las interrogantes planteadas.

Si eres novato, no te preocupes, al final de cada capítulo te he preparado una serie de recursos que te ayudarán a comprender e interiorizar todo aquello que todavía no sepas y que considero son aspectos importantes para tu formación como trader.

Es posible, dependiendo del nivel que atesores que no tengas respuesta para todo. No te desanimes, simplemente todavía no has llegado a este punto del camino. Utiliza aquello que no sepas como una guía para conocer lo realmente importante a tener en cuenta mientras trepas por la curva de aprendizaje. Todo ello en vistas de en un futuro cercano, poder utilizar toda esa información en la concepción de tu propio plan. Dando de esta manera forma a lo que anhelas que sea tu futuro como trader.

Te deseo la mejor de las fortunas para esta búsqueda que estás a punto de comenzar…

Introducción

No sé qué es lo que ha despertado tu interés por el trading, es posible que alguien te hablara de sus bondades, y de cómo se pueden generar recursos desde casa a la vez que alcanzas la libertad de gestionar tu tiempo como te plazca.

Ni corto ni perezoso, abriste una cuenta en un bróker cualquiera (primer error), viste algunos videos en internet sobre algún sistema de especulación, y quizás con suerte realizaste algún curso... Acto seguido y con la emoción y la ansiedad que caracteriza los momentos previos de comenzar una nueva actividad, te lanzaste al vacío y sin paracaídas...

Llevas una temporada operando, pero los resultados no llegan, es más distan mucho de ser los esperados. Algo falla, pero no entiendes el qué, nadie te explicó que por fácil que parezca disponer de un PC, línea de internet y una cuenta de bróker, el trading es mucho más... Tienes toda la razón, es mucho más. Si quieres sobrevivir en esta jungla, te tienes que convertir en jungla, y con un ordenador, acceso a la red y cuenta en un intermediario financiero, estás todavía muy lejos de lograrlo.

Permíteme hacerte una pregunta:

¿Has creado y desarrollado un plan de trading?

Si tu respuesta es negativa, deja ahora mismo de operar, cierra todas las operaciones que tengas abiertas. Va en serio… ¡Hazlo ahora mismo!, tus cuentas monetaria y emocional me lo agradecerán.

— ¿De qué va esto del plan?
— Te preguntas contrariado…

Piensa en él como una guía, un faro que te alumbrará en los momentos de tormenta, cuando la niebla y el mal tiempo te impidan ver el sendero.

No importa si quieres conseguir generar recursos extra, o si quieres hacer del trading tu actividad principal, sin un plan, no lo conseguirás. Perdona que sea tan duro, pero las estadísticas así lo corroboran, más del ochenta por ciento de todos los que empiezan en esta actividad no consiguen sobrevivir al primer año.

Mi opinión basada en la experiencia que atesoro después de más de una década operando en los mercados, más todo lo visto y vivido en estos últimos años formando traders, me dice que una de las causas principales por las que la gente no consigue el éxito haciendo trading, es la falta de preparación. No quiero decir con esto que sea una del tipo técnica, ni siquiera psicológica, simplemente no disponen de una serie de normas que definan lo que será su comportamiento y acciones a implementar al producirse diversos escenarios. En una palabra, un **"Plan"**

— ¿Cómo puedo crear uno?

— Me preguntas desorientado.

Con mucho gusto te contesto; el primer paso consiste en confeccionar una lista, para acto seguido fundamentar los puntos que la compongan. El plan debería de ser capaz de explicar y argumentar cuestiones muy diversas, relacionadas con todos y cada uno de los aspectos vinculados dos con esta actividad. Por ejemplo:

¿Qué tipo de trader eres?
¿Qué quieres conseguir con el trading?
¿Dónde vas a realizar la actividad?
¿Qué nivel de apalancamiento vas a utilizar?
¿Cuánto dinero vas arriesgar por operación, por patrón?
¿Cuándo parar de operar si las cosas no marchan bien?

Vas cogiendo la idea, ¿verdad? Lo que acabas de leer es tan sólo la punta del iceberg. A mayor nivel de profundidad, mejor será tu preparación para afrontar todos los vaivenes psicológicos y monetarios con los que vas a tener que lidiar.

El general Dwight D. Eisenhower ya sabía la importancia de la planificación cuando afirmó, poco después del exitoso desembarco que las tropas aliadas llevaron a cabo en las costas de Normandía;

"LOS PLANES NO VALIERON PARA NADA, PERO LA PLANIFICACIÓN FUE INDISPENSABLE"

La creación, desarrollo e implementación del plan, es una parte fundamental de todo buen sistema de especulación. Es una herramienta imprescindible en el proceso de convertirse en un buen trader. Mucha gente no parece darle demasiada importancia, lo cual para mí es un grave error. Dicho esto, el contar con uno no garantiza que vayas a conseguir el éxito en esta ardua tarea de conseguir la consistencia, pero lo que sí está claro es que el no hacerlo sólo te asegura una cosa: "FRACASO".

El trading es parecido a la vida en muchos aspectos, y como en la vida, uno de los secretos reside en no dejar de hacerse preguntas, de eso va este libro… A través de sus páginas descubrirás todos los puntos clave a tener en cuenta a la hora de realizar tu propio plan, y al igual que en la vida, todo lo que inviertas a la hora de crearlo, te será devuelto, muchas veces multiplicado, en forma de ahorro en tiempo, recursos y evitación de errores.

Una vez hayas concluido la lectura del libro, dispondrás de una guía para conocer exactamente qué tipo de información y datos necesitas extraer de tu día a día operando en los mercados, y cómo puedes utilizarlo todo para la creación de tu plan.

Tanto si eres novato como si ya tienes experiencia, vas a tener que hacer un profundo ejercicio de retrospección y analizar cómo han sido, son, y esperas que sean tus hábitos de operativa. Al realizar este estudio obtendrás un conocimiento valiosísimo, pues podrás encontrar patrones de conducta tanto positivos como negativos, que de otro modo serían imposibles detectar.

Incluso es posible que encuentres algún cuello de botella que esté ralentizando tu avance. El saber dónde residen los problemas y la implementación de un método para erradicarlos, sin duda te ayudará a que te conviertes en un mejor trader, llevando tu operativa a un nivel superior. El conocimiento es poder…

Espero que disfrutes del viaje y de corazón te deseo que seas capaz de alcanzar todas las metas que te hayas fijado en el trading. Recuerda:
Este es un libro de preguntas, las respuestas están en ti.

1
Objetivos Personales

Para conseguir el éxito en el trading, como en cualquier otra actividad de la vida, la claridad de propósito es fundamental. Si hablamos de la especulación en los mercados financieros, no es lo mismo tener la intención de generar unos recursos extra, que dedicarse al trading de un modo profesional. Cada una de las situaciones mencionadas, va a requerir abordar la misión desde una perspectiva diferente. Los niveles de implicación en cuanto a tiempo, esfuerzo, preparación a nivel psicológico y la inversión necesaria en cuanto a recursos tanto físicos como mentales no va ser la misma.

Piensa en una persona a la que llamaremos Jacinto, nuestro amigo durante los últimos años, ha llevado unos hábitos de vida sedentarios… Un buen día Jacinto se levanta del sillón y decide que va a recorrer "El Camino de Santiago". La decisión está tomada, pero para llevar a cabo dicha empresa va a ser necesario acometer un proceso de entrenamiento, éste será bien distinto del que sería necesario si en vez de lo primero, el protagonista decide que va a empezar a hacer senderismo una vez por semana. De cualquier modo el entrenamiento se hace imprescindible, sin él, Jacinto muy probablemente no pasará del primer fin de semana.

Uno de los problemas que encuentro a menudo en aquellas personas a las que ayudo a conseguir sus objetivos en el trading, es que no tienen una respuesta clara y precisa cuando se les plantea las siguientes cuestiones:

¿Por qué quieres hacer trading?

¿Qué es lo que quieres conseguir?

La mayoría de la gente responde: "quiero ganar más dinero y disponer de más tiempo" Eso está muy bien, todo el mundo anhela esto, independientemente de que vayan a hacer trading o no... Pero no es suficiente, tienes que saber exactamente el qué, cómo, por qué, cuándo y dónde. Si desde el primer contacto con esta actividad conoces exactamente tu punto de partida y dónde quieres llegar, te será mucho más fácil recorrer el camino.

Es muy importante que tengas unas expectativas razonables, esto no va a ser llegar y besar el santo. No vas a estar en tres meses ganado dinero a espuertas y siendo el dueño y señor de tu tiempo, quítate eso de la cabeza, cuanto antes lo hagas mejor. Calcula que vas a tener que invertir tiempo y dinero en tu formación y que antes de pensar siquiera en generar un euro, hay todo un proceso que completar...

Tómate esto como una carrera de fondo, si empiezas a tope de revoluciones, no llegarás muy lejos. Y créeme el premio que te espera en la meta bien vale la pena el esfuerzo.

¿Estás preparado para adentrarte en los pasadizos del trading?, te aviso, si lo haces tu vida nunca más será igual...

Bien hecho, te felicito, acabas de dar el primer paso, el éxito está reservado para los valientes... El segundo paso lo vas a dar contestando a todas y cada una de las preguntas que te esperan a lo largo y ancho de este texto. Recuerda:

"El fallo no es una opción, es sólo una posibilidad."

1. ¿Cuál es mi situación actual?

2. ¿Cuál es mi punto de partida social y financieramente hablando?

1 – Objetivos Personales

3. ¿Qué clase de persona soy y qué clase de relación mantengo conmigo mismo? *

4. ¿Qué pensamientos y creencias limitantes necesito dejar atrás para conseguir mis metas? *

5. ¿Por qué me quiero dedicar al trading?

6. ¿Qué es lo que quiero conseguir; vivir del trading, generar otra fuente de ingresos o gestionar parte de mi patrimonio?

1 – Objetivos Personales

7. ¿Cuáles son mis expectativas con respecto al trading? *

8. ¿Cuáles son mis habilidades y puntos fuertes, cómo puedo hacer que trabajen para mí cuando hago trading?

9. ¿Cuál es mi mayor talento y en qué me puede ser útil en la operativa?

10. ¿Me he formado y adquirido los suficientes conocimientos? *

1 – Objetivos Personales

11. ¿Cuánto tiempo y recursos he invertido hasta llegar a este punto?

12. ¿Qué habilidades tendré que seguir desarrollando para avanzar en mi camino de trader? *

13. ¿Cuál es la cifra de ingresos para la que me he programado mentalmente? *

14. ¿Con qué ventajas cuento y qué experiencia tengo?

1 – Objetivos Personales

15. ¿Estoy realmente capacitado para ser un buen trader?

16. ¿Qué tipo de trader soy, y que tipo de operativa quiero practicar (Scalping, Day trading, Swing trading)? *

17. ¿Qué tipo de trading se adapta mejor a mi personalidad y estilo de vida?

18. ¿Cuál es mi perfil de riesgo; arriesgado, moderado o conservador? *

1 – Objetivos Personales

19. ¿Sería interesante contemplar la posibilidad de buscar a un mentor, alguien que me guie y me ayude en esta aventura?

20. ¿Quién podría ser?

21. ¿Por qué motivo voy a triunfar dónde la mayoría fracasa?

22. ¿Hasta dónde estoy dispuesto a llegar?

1 – Objetivos Personales

23. ¿Qué podría perder y qué podría ganar si cumplo mis objetivos?

24. ¿Cuánto tiempo voy a dejar pasar hasta que el trading sea una actividad rentable de forma consistente?

Recursos

3-) No es lo mismo ser una persona nerviosa, que tranquila, conociendo ciertos aspectos de tu personalidad, te será más fácil encontrar el sistema de trading que se adapte a ti. Sin él, es casi imposible que consigas buenos resultados.

4-) Todos tenemos pensamientos y creencias limitantes adquiridas a largo de nuestra vida. Sin ser un tema relacionado directamente con el trading, es vital si quieres conseguir el éxito financiero, que reprogrames tu mente para la abundancia. Por muy buen operador que seas, si tu mente no está preparada para ganar cierta cantidad dinero, por mucho que lo intentes no podrás romper esa barrera ni en el trading ni en ninguna otra actividad.
Si necesitas ayuda, en www.escueladetraders.es contamos con un coach especialista que puede ayudarte a resolver este tipo de situaciones.

7-) Tener unas expectativas razonables sobre lo que puedes obtener operando en los mercados, es la mejor manera de afrontar la actividad. Si cargas con mucha presión sobre los hombros desde las primeras etapas, es difícil que llegues a la meta.

10-) Para cualquier actividad en la que quieras destacar, la formación se hace imprescindible. Da igual del modo en que la adquieras…

De una manera autodidacta, o vía mentor, alguien que haya conseguido lo que tu anhelas y esté dispuesto a transmitirte ese conocimiento. Al final todo se reduce a una simple cuestión de tiempo, esfuerzo y dinero. Si escoges el método autodidacta, gastarás mucho más tiempo y más esfuerzo. Si eliges el mentor, invertirás un poco más de dinero pero mucho menos tiempo y esfuerzo. Si te decides por la segunda, te puedo ayudar.

12-) El trading por su componente psicológico, es una actividad en la que el aprendizaje nunca acaba, es infinito. Siempre vas a tener que estar mejorando, tanto a nivel técnico como psicológico. Los mayores batacazos ocurren cuando nos relajamos y creemos haber encontrado el "Santo Grial", nunca bajes la guardia.

13-) Esta pregunta está relacionada con las creencias limitantes… Sólo tú puedes saber la cifra, si no te gusta, tendrás que reprogramar tu mente.

16-) Si no conoces las diferencias entre un tipo de trading y otro, visita los siguientes enlaces:
Swing trading: **bit.ly/EdTswingtrading**
Scalping trading: **bit.ly/scalpingtrading**

18-) Esto se puede averiguar mediante una serie de cuestionarios y haciendo un repaso a las operaciones que hayas realizado.

2

Establecimiento del negocio

El trading es como cualquier otro negocio, antes de comenzar es necesario conocer de antemano, o al menos tener una idea aproximada de ciertos aspectos clave. Este conocimiento puede hacer que ahorres una cantidad de tiempo y recursos importante.

Nadie, o casi nadie (hay gente para todo) abriría una tienda sin conocer primero dónde va a estar ésta ubicada, que gastos van a ser necesarios acometer para empezar y qué cantidad de recursos se invertirán en el mantenimiento una vez empezado el negocio. Acto seguido habría que determinar de dónde provendrán los ingresos encargados de mantener toda la estructura a flote. Qué productos se van a vender, junto con una estimación de en qué cantidades.

Otro punto importante y que en los últimos tiempos está muy de moda (desgraciadamente) sería realizar lo que se conoce como un "Test de stress", en otras palabras, determinar cuánto tiempo podría sobrevivir el negocio si los ingresos son menores de lo previsto, o peor aún, si no hay ingresos. Cómo ves la planificación se hace necesaria, es más yo diría que vital.

El problema de un negocio de trading radica en la variabilidad de los ingresos, por muchas predicciones que hagas no puedes tener certeza alguna, ni siquiera aproximada de la cuantía de éstos.

Puedes generar importantes beneficios en un periodo de tiempo determinado, pero también puedes no hacerlo, incluso perder dinero.

Con esta característica tan especial, te vas a ver forzado a centrarte en lo único que de verdad puedes controlar.

Me refiero a los gastos, es de capital importancia que conozcas de antemano y de un modo exhaustivo cada uno de ellos. Todo ello con el simple propósito de minimizarlos al máximo, y de ese modo poder disponer del tiempo suficiente que necesitas estar operando para poder probar tus sistemas de trading, viendo si consigues generar más recursos de los que necesitas para permanecer en el negocio. Simple, ¿verdad?

Si te comento todo esto, es porque no quiero que te dejes llevar por el dulce canto de sirenas que de esta actividad emana… Dinero fácil, rápido y desde casa.

Si quieres llegar a ser un profesional, tienes que tomarte la actividad como tal. Aquí la línea que separa ganar y perder es muy delgada, esto es un juego de suma cero, en el que siempre empiezas perdiendo, cada pulgada es vital.

La planificación y el control te ayudarán en los momentos difíciles, serán tu guía cuando lleguen las tormentas, el mapa que necesitas para no perderte, si lo has realizado correctamente, deberías de saber cómo reaccionar ante cualquier situación, incluso en el fragor de la batalla.

25- ¿Cuáles son mis fuentes de ingresos?

26- ¿Voy a continuar con mi trabajo o me voy a dedicar al trading a tiempo completo?

2 – Establecimiento del Negocio

27- En caso negativo, ¿sería posible crear alguna fuente de ingresos a corto plazo?

28- ¿De dónde sacaré el tiempo para montar y dirigir el negocio?

29- ¿Voy a emprender yo sólo está aventura?

30- ¿Cómo voy a financiar los costes de establecimiento? *

2 – Establecimiento del Negocio

31- ¿Qué capital necesitaré para comenzar? *

32- ¿De dónde proviene dicho capital?

33- ¿En qué espacio físico voy a realizar la actividad?

34- ¿Cómo va a estar éste configurado?

2 – Establecimiento del Negocio

35- ¿Qué hardware, software, mobiliario y otro material de oficina voy a necesitar? *

36- ¿Qué clase de asesoramiento, técnico, laboral, fiscal y contable voy a necesitar? *

37- ¿Quién podría ofrecerme estos servicios?

38- ¿Cómo voy a gestionar el negocio?

2 – Establecimiento del Negocio

39- ¿Cómo va a ser el día a día?

40- ¿Cuál va ser mi horario de trabajo?

41- ¿Cómo voy a llevar la contabilidad? *

42- ¿Qué puedo hacer para minimizar el pago de impuestos? *

2 – Establecimiento del Negocio

43- ¿De qué tipo de herramientas dispongo en caso de que falle alguno de los componentes de mi estructura (hardware, software, línea de internet, apagón, etc.)? *

44- ¿Dónde veo mi negocio en seis meses, un año, tres, cinco?

45- ¿Cuándo consideraré que he fracasado?

46- ¿Cuándo consideraré que he alcanzado el éxito?

Recursos

30-) Aquí podrías incluir los costes de, por ejemplo: ordenador, monitores, línea de internet, formación, alquiler de un espacio físico si no cuentas con él, etc...

31-) Para comenzar a operar necesitas muy poco capital, hoy en día puedes abrir una cuenta con cientos de euros, ahora bien eso no significa que te puedas ganar la vida con ella. Las cantidades serán diferentes si buscas generar algunos ingresos extra o quieres ser un trader profesional y dedicarte a este negocio a tiempo completo.

35-) Sigue el link: **bit.ly/herramientasdetrading** para tener una idea de lo que necesitas para empezar, en cuanto a software y hardware.

36-) Tienes que conocer cuál será tu situación fiscal, y cómo declarar los beneficios y pérdidas generadas con la actividad entre otras cosas Si necesitas ayuda en alguno de estos temas, en www.escueladetraders.es podemos ayudarte.

41-) La contabilidad de las operaciones la puedes llevar con una hoja de Excel creada para ello. Si quieres utilizar la misma que yo uso para operar futuros y CFDs, escríbeme un mail a **d.lopez@escueladetraders.es** y te la haré llegar. Para la contabilidad general, lo más tradicional es crear un libro de ingresos y gastos.

42-) Los asuntos fiscales son siempre delicados, mi recomendación es que no escatimes en obtener consejo profesional.

43-) Debes de contar con un plan B, por si falla algún componente de tu equipo. No te gustaría verte atrapado en una operación que se esté moviendo en tu contra y no poder cerrarla porque el sistema se haya caído debido a un apagón, ¿verdad?

3
Flujo de caja

La principal causa por la que la mayoría de las empresas que se crean no son capaces de sobrevivir a los dos primeros años en el negocio es la no consecución de un flujo de caja positivo. Dicho de otro modo, gastan más de lo que ingresan.

Ante la imposibilidad de conocer la cantidad de ingresos que van a generar tus operaciones en un negocio de trading, es imperativo que cuentes con un capital a modo de reserva. Esto es necesario en cualquier negocio, pero en uno relacionado con el trading, lo es más todavía. Dicho monto debe de estar totalmente separado del que necesitas para operar. Esto será tu balón de oxígeno, que te permitirá atravesar periodos sin ingresos, incluso con pérdidas. Necesitas contar con este capital, si no es así vas a estar expuesto a una presión increíble, ya que el tener que ganar por necesidad se convierte en la mayoría de los casos en perder por obligación.

El segundo error que cometen la inmensa mayoría de autónomos, o auto-empleados españoles, es el de no separar las finanzas del negocio de las personales.

La situación ideal sería que tengas más fuentes de ingresos, que pueden ayudarte a seguir cumpliendo con tus obligaciones personales, si no es así y sólo vas a depender del trading, tienes que sumar al capital de reserva de tu negocio, un monto de reserva para tu vida personal. Qué te parecería tener que estar desviando dinero de tu cuenta de trading a tu cuenta personal… Así es difícil crear compartimentos estancos. ¿De qué cantidad estamos hablando?

Como mínimo seis meses, es más te diría que un año de tus gastos personales fijos. Menos, ni lo intentes, no te conozco y no sé cómo será tu desempeño bajo presión, dicho esto en todos estos años como trader y últimamente como formador he conocido muy poca gente que lo haya conseguido con el nivel de presión que supone tener que ganar dinero con el trading para llenar la nevera. Mes a mes, todos y cada uno de ellos.

47- ¿Cuál es el capital inicial que voy a destinar a la cuenta de trading?

48- ¿Qué porcentaje de éste estoy dispuesto a arriesgar?

3 – Flujo de Caja

49- ¿Tengo que ganar dinero inmediatamente con mi operativa? *

50- ¿Dispongo de una reserva de capital para cubrir los gastos personales, de negocio y emergencias mientras arranca mi negocio de trading? *

51- ¿Cómo voy a cubrir los gastos personales y del proyecto mientras se desarrolla el negocio? *

52- ¿A cuánto ascienden dichos gastos?

3 – Flujo de Caja

53- ¿Cómo voy a realizar el seguimiento de dichos gastos?

54- ¿Qué rentabilidad anual necesito obtener para qué todo esto tenga sentido?

55- ¿Cómo voy a seguir adelante, y continuar operando cuando se produzca una mala racha de operaciones perdedoras? *

56- ¿He establecido un punto en donde dejaré de operar y daré por terminado el negocio?

Recursos

49-) Si has respondido que sí, no te espera un travesía tranquila, la presión y la angustia serán tus compañeras de viaje. Las dos veces que me arruiné hasta conseguir la consistencia fue por tener la necesidad de generar beneficios con el trading desde el primer momento. En las dos ocasiones había dejado mi trabajo para vivir el sueño de convertirme en un trader profesional y no contaba con ninguna otra fuente de ingresos. Simplemente no fui capaz de lidiar con toda esa presión.

50-) No te lances al vacío sin contar con un capital a modo de protección, podría ocurrir que tu vida de un vuelco a peor si no consigues generar beneficios en las primeras etapas de desarrollo del negocio. Ya que es normal que así ocurra.

51-) Ten sentido común… Nunca hagas trading con dinero miedoso. Véase: préstamos, o capital que necesitas para otros asuntos; hipoteca, facturas o demás. Lo perderás todo.

55-) La única forma de continuar en el negocio cuando te enfrentes a una racha perdedora es aferrándote a la gestión monetaria, e ir reduciendo progresivamente tu exposición al riesgo. Visita el siguiente link: **bit.ly/gmsp500** y encontrarás la definición de gestión monetaria junto con la fórmula que yo mismo utilizo para operar a diario con futuros.

4

Sistema de Trading

Uno de los aspectos más importantes al trazar el plan, es la elección del sistema o sistemas que vas a utilizar. Aquí mi consejo es que simplifiques, el trading es sencillo, esto va de comprar y vender, da media vuelta y sal corriendo si alguien te intenta vender lo contrario.

Es necesario que entiendas que no necesitas un sistema con veinte indicadores para poder ganar dinero, es más te diría que todo lo contrario. Ese es uno de los problemas que la gente experimenta cuando empieza a operar, es posible que sea por la necesidad de certidumbre que el ser humano procesa. Aquí no hay certezas, sólo probabilidades, tu misión es ponerlas a tu favor,

Esta actividad es un noventa por ciento psicológica, he visto a gente ganar mucho dinero y otros perder hasta la camisa usando el mismo sistema…

Es vital para empezar con buen pie, elegir un sistema que tenga esperanza matemática positiva, es decir, que estadísticamente gane más veces que pierda.

Otro punto importante, busca por encima de todo que se adapte a tu estilo de vida y personalidad. Hay muchos tipos de personas distintos y es tu obligación como trader encontrar aquel sistema que te haga fluir con el mercado, a la vez que aporta valor a tu vida, no que te la destroce.

Imagina un padre de familia, esté se ha comprometido a llevar todos los días a sus hijos al colegio, por otro lado quiere probar un método de especulación en el futuro del Dax Alemán.

Pues bien, a menos que tenga la fórmula para estar en dos sitios a la vez no podrá operar el Dax y llevar a sus niños al colegio.

Conclusión, ha buscado un sistema que no se adapta a su estilo de vida. De ese modo es imposible poder llegar a buen puerto.

El trading es una actividad que puede absorberte por completo, y lo que no quieres es que esto te pase factura en otras áreas de tu vida.

En el hipotético caso planteado, nuestro amigo tendría que buscar otro activo el cual no interfiriese en sus obligaciones cotidianas. Una posible solución sería operar dicho instrumento sin hacerlo en esa franja horaria. También podría dejar ordenes colocadas a la espera de ser ejecutadas mientras el permanece ausente de su espacio de trabajo.

Recuerda, el trading tiene que aportar valor a nuestra existencia, tenlo muy en cuenta al crear tu plan.

57- ¿Qué tipo de sistema voy a utilizar y por qué? *

58- ¿He operado el tiempo necesario para tener una muestra suficiente de operaciones en las que se demuestre la efectividad de dicho sistema? *

4 – Sistema de Trading

59- ¿Bajo qué circunstancias de mercado funciona mi sistema de trading? *

60- ¿Cuándo desecharé un sistema y dejaré de operar con él?

61- ¿En qué mercados voy a operar? *

62- ¿Por qué en estos mercados, son estos adecuados a mis objetivos de riesgo, tiempo y rentabilidad?

4 – Sistema de Trading

63- ¿Qué tipo de instrumentos voy a utilizar para operar; futuros, opciones, CFDs, acciones, ETFs, otros? *

64- ¿Qué marcos temporales se ajustan mejor a mi personalidad? *

65- ¿He logrado conseguir unos ratios en simulado, y o en real que me proporcionen ciertas garantías de éxito? *

Recursos

57-) Aquí podríamos distinguir entre uno automático y otro manual. El primero hay que configurarlo, una vez puesto a punto, abrirá y cerrará las operaciones conforme haya sido programado. En el caso del sistema manual, será el trader el que decida los momentos de entrada y salida.

58-) Al menos deberías de tener una muestra no inferior a quinientas operaciones en real. Preferiblemente se deberían de haber realizado bajo diversos escenarios de mercado; con baja y alta volatilidad, en mercados laterales y tendenciales.

59-) ¿Utilizas un sistema tendencial, o por el contrario operas con uno específico para mercados en rango?

61-) Cada mercado tiene unas características específicas que tienes que estudiar; volumen de negociación, liquidez, rangos de movimiento, horario, etc…

63-) Utilizar un tipo u otro de instrumento, dependerá del capital con el que cuentes y de la experiencia que atesores usando cada uno de ellos. Mi consejo es que escojas uno y lo trabajes hasta que consigas cierta maestría.

64-) Dependiendo del tipo de persona que seas, te será más fácil operar en determinados espacios temporales… Por ejemplo, una persona calmada, puede tener mejores resultados utilizando gráficos de cuatro horas o diarios. Si por el contrario es una persona impaciente y nerviosa, le irán mejor los espacios temporales más pequeños; gráficos de cinco minutos, tres, uno...

65-) En el sistema que yo utilizo (en el libro "Escuela de Traders" lo puedes aprender paso a paso) unos ratios que te permitan tener ciertas garantías de éxito, serían conseguir un setenta por ciento de operaciones positivas y una media de tres puntos de beneficio por operación positiva. Todo ello hablando del futuro del Mini S&P. Envíame un mail a **d.lopez@escueladetraders.es** y te facilitaré una herramienta que calculará tus porcentajes. Con ella podrás comprobar cuáles son tus ratios y monitorizar tu desempeño.

5

Operativa

Hemos llegado al capítulo más importante del libro, en él analizarás el día a día de tu vida como trader... Si has llegado hasta aquí respondiendo las preguntas previas, tu plan ya tiene que tener forma. Aquí lo terminarás de pulir.

Durante el tiempo que llevas operando has tenido que ir recogiendo ciertos datos; los porcentajes de operaciones perdedoras, ganadoras, media de beneficio y pérdida por operación, duración media de los operaciones, el tipo de dialogo mental que tu cerebro desarrolla mientras permaneces dentro del mercado y cuando estás fuera. En definitiva, tu cuaderno de trading, éste cobra ahora una importancia incluso mayor. En este capítulo, si es que no lo has hecho todavía, vas a volcar toda esa información en el desarrollo de tu plan.

Si no dispones de esta información, tienes trabajo por delante, este capítulo te servirá para conocer los aspectos que deberías monitorizar y plasmar en tu cuaderno de trading. Una vez lo hayas puesto en marcha y tengas suficientes datos de tu operativa podrás volver aquí y convertir todos tus números en un plan a prueba de bombas.

Cuando estamos una temporada operando, entramos en piloto automático. Esto no es nada extraño, pasa con muchas actividades. Repasar el plan con frecuencia te ayudará a poner otra vez el foco en lo que es importante. La operativa es lo que hace que todo esto del trading tenga sentido, cómo te enfrentes a estos momentos será lo que determinará tu futuro.

5 – Operativa

66- ¿En qué concentro mi atención cuando estoy operando?

67- ¿Qué clase de dialogo mental prevalece?

68- ¿Cómo podré monitorizarlo y cambiarlo si fuese necesario? *

69- ¿Cómo actúa mi ego, y de qué modo eso afecta a mi operativa?

5 – Operativa

70- ¿Cómo me comporto frente a una racha prolongada de pérdidas? *

71- ¿Cómo me comporto frente a una racha de ganancias inusual? *

72- ¿He elaborado un protocolo de revisión y apertura para implementar previo a la operativa? *

73- ¿Qué dificultades me suelo encontrar mientras opero, y de qué forma puedo disminuir su impacto?

5 – Operativa

74- ¿Cómo voy a realizar el seguimiento de las operaciones?

75- ¿Cómo va a estar estructurado mi cuaderno de trading? *

76- ¿He monitorizado mi operativa y desarrollado una muestra suficientemente extensa para detectar patrones de conducta positivos y negativos?

77- ¿Qué clase de entrenamiento voy a realizar para superar dichos patrones negativos y potenciar los resultados de los positivos? *

5 – Operativa

78- ¿Cuánto duran mis operaciones de media?

79- ¿Cuánto gano de media por operación positiva?

80- ¿Cuánto pierdo de media por operación negativa?

81- ¿Cuál es mi record de operaciones positivas consecutivas, y negativas?

5 – Operativa

82- ¿Qué porcentaje de operaciones negativas es aceptable para ser rentable?

83- Cuáles son mis reglas en cuanto a Drawdown? *

84- ¿Cuál ha sido mi nivel mayor de Drawdown?

85- ¿Cuánto dinero voy a arriesgar en cada operación, con cada patrón, en cada estrategia? *

5 – Operativa

86- ¿Cuánto dinero voy a arriesgar por sesión, por día y por semana?

87- ¿Qué voy a hacer si tengo una racha de pérdidas prolongada?

88- ¿Cuál ha sido mi máximo porcentaje de ganancias, en cuánto tiempo, cómo lo conseguí?

89- ¿Cuáles son mis reglas en cuanto a los beneficios?

5 – Operativa

90- ¿Cuáles son mis recompensas si mi operativa va bien?

91- ¿Qué bróker voy a utilizar para operar? *

92- ¿Qué criterios he usado para elegir a uno u otro?

93- ¿Qué métodos de ejecución voy a utilizar?

5 – Operativa

94- ¿Qué tipo de órdenes voy a utilizar?

95- ¿Qué software de graficación voy a utilizar?

96- ¿Cuál es el plan de emergencia en el caso de verme atrapado y no tener acceso a la operativa?

97- ¿Qué voy a hacer para aferrarme a mi plan durante el año?

5 – Operativa

98- ¿Cada cuánto tiempo voy a revisar y rehacer el plan de negocio?

99- ¿Soy consciente de que el éxito depende en gran medida de tener una respuesta adecuada a las preguntas planteadas?

100- ¿Qué puedo hacer en este mismo instante que me ayude a poner todo esto en marcha?

Recursos

68-) La mejor manera es llevando un cuaderno de trading y apuntando en el las sensaciones que experimentas mientas operas. Con su estudio, podrás detectar patrones de conducta negativos, una vez determinados podrás crear un plan de acción para en la medida de lo posible erradicarlos de tu operativa.

70-) De cómo consigas salir de un mala racha en tu operativa, dependerá tu futuro en el trading. Por ello es de vital importancia que tu plan describa cuáles serán los pasos a seguir; bajar el apalancamiento, dejar de operar por una temporada, cambiar de instrumento, etc…

71-) Uno de los peligros que acechan en esta actividad, llega en forma de exceso de confianza, producido en la mayoría de los casos por una serie de operaciones positivas. Tu plan debería de contemplar que hacer cuando te encuentres en esta situación.

72-) El protocolo de apertura es una de las herramientas más eficaces para empezar las sesiones de trading en un estado propicio para el buen trading. Si quieres profundizar en este concepto, te invito a que leas mi libro "Escuela de Traders" en el podrás aprender qué es, y cómo lo puedes incorporar en tu arsenal.

75-) En su estado más básico, en tu cuaderno de trading, deberías de anotar los motivos por los que abres y cierras cualquier operación. De qué modo ha ocurrido y cuáles eran tus sensaciones y emociones, antes, durante y después del trade en cuestión.

77-) Si necesitas ayuda para superar cualquier obstáculo relacionado con tu operativa, en:
www.escueladetraders.es te podemos ayudar.

83-) Si no conoces el concepto de Drawdown, visita este link: **bit.ly/EdTdrawdown**

85-) Para conocer los porcentajes que puedes arriesgar por operación o sesión de trading, visita el siguiente link: **bit.ly/gmsp500**

Me encantaría saber tu opinión

¿Serías tan amable de dedicar un par de minutos de tu tiempo a dejar un comentario honesto en Amazon sobre qué te ha parecido el libro? Me ayudarías a saber cómo mejorar para futuros libros o ediciones. Y ayudarías a futuros lectores a saber que pueden esperar de este libro.

Tienes un enlace para dejar el comentario en las siguientes líneas:

Amazon.es: http://bit.ly/EDTESP
Amazon.com: http://bit.ly/EDTUSA
Amazon.com.mx: http://bit.ly/EDTMX

SOBRE MÍ

Mi nombre es David López, soy Trader profesional, escritor, Asesor Financiero, conferenciante y formador, con una dilatada experiencia enseñando a personas como tú a invertir en Bolsa.

Te enseñaré a mover tu dinero en los mercados, operando a corto, medio y largo plazo con acciones, opciones, futuros, CFDs. y ETFs.

Soy un apasionado del mar y la cocina, lector empedernido. Autodidacta y emprendedor, Master en análisis técnico, gestión de carteras y Day Trading, Master en banca, bolsa y mercados financieros, Asesor Financiero €uropeo (€FA), Analista Técnico de mercados financieros (CFTe), Gestor de Patrimonios e Investment Manager certificado por el Chartered Institute for Securities & Investment.

En la actualidad compagino mis actividades como Trader, escritor, conferenciante, responsable de formación en Escuela de Traders y Financial Planner en DrD Global Consulting, donde ayudo a personas a conseguir sus metas financieras.
+Info:
www.escueladetraders.es
www.drdglobalconsulting.com

Si quieres profundizar sobre lo expuesto en el libro, y crees que necesitas apoyo profesional, contacta con:

David López Ballester

Correo electrónico: d.lopez@escueladetraders.es

Página web: escueladetraders.es

Twitter: @DLopezBallester

Su opinión es importante.
En futuras ediciones, estaremos encantados
de recoger sus comentarios sobre este libro:

Escuela de Traders

100
Preguntas vitales para crear tu plan de trading en menos de un día

Por favor, háganoslas llegar a través de nuestra web:

www.escueladetraders.es

Recibe gratis en tu email más consejos para

MEJORAR TU TRADING

Suscríbete en

<u>www.escueladetraders.es</u>

ESCUELA DE TRADERS

Sin lugar a dudas la actividad de moda en la actualidad. La expresión está en boca de todos, todo el mundo quiere ser Trader, todos conocen o tienen un amigo que lo es. La palabra evoca imágenes de lujo; yates, coches deportivos, fajos de billetes, etc. Alrededor de ella se ha creado toda una industria, decenas de miles de personas a diario se embarcan en su particular búsqueda de "El Dorado" como lo hicieron siglos atrás los conquistadores españoles, o más recientemente los colonos americanos del lejano oeste en busca de la pepita de oro que los hiciera ricos…

Querido lector, si de verdad estás comprometido a convertirte en un Trader y dispuesto a pagar el precio necesario te invito a que sigas leyendo. A través de 101 preguntas descubrirás los secretos de esta profesión y aprenderás todo lo que necesitas para sobrevivir en esta jungla. Tendrás las armas y el conocimiento necesario para empezar la lucha, luego, el éxito o el fracaso dependerán de ti.

Te deseo la mejor de las fortunas para el viaje que comienzas…

Si tienes este libro entre las manos es muy probable que aún no seas un ganador y todavía te encuentres buscando la ansiada consistencia. Por algún motivo llegaste a este mundillo, con un montón de sueños y expectativas cargaste la mochila, poco han tardado éstas en verse truncadas… Vivir del Trading no es tan fácil como te lo han vendido... ¿Por qué es tan difícil ganar en este juego? Estás decepcionado, tienes ganas de decir basta y abandonar de una vez y para siempre tu sueño de convertirte en Trader. Espera, no lo hagas todavía, date otra oportunidad, el fracaso sólo es tal si te paras, si no sigues luchando. Si has llegado hasta aquí estás en el buen camino, para construir primero hay que destruir, y tú lo estás haciendo… Cuando rompas con todas esas creencias limitantes y falsas expectativas, estarás en una situación perfecta, desde la que podrás edificar unos sólidos cimientos que sustenten tu día a día en los mercados. Sólo tú eres el responsable de todo lo que le ocurre a tu cuenta de resultados. Si quieres alcanzar el siguiente nivel como operador y estás dispuesto a pagar el precio justo, sigue leyendo…Te deseo la mejor de las fortunas para este nuevo viaje que está a punto de empezar…

Daroca es un joven inquieto, dinámico, ambicioso, emprendedor y con ganas de superación. Su principal objetivo era conseguir que su dinero trabajara para él. Tras varios intentos fallidos y al borde de la quiebra, recibe por casualidad un libro que cambiará su forma de ver y vivir la vida. Le resulta tan revelador que cuando lo termina, decide que tiene que conocer al autor -su verdadera historia- y aprender todo cuanto pueda de él. Decide modelarlo y así conseguir lo que desea. Finalmente, se encuentra con el Boss (un trader de éxito y rico, que soluciona problemas relacionados con el mundo del dinero y las finanzas). ¿Conseguirá Daroca sus objetivos? ¿Accederá el Boss a sus pretensiones? Adelante, lee el manuscrito y descubre cómo llegar al Solucionador…

Ingenio Financiero te muestra de forma simple las cuatro claves que te permitirán alcanzar aquello que te propongas con el dinero: Gastar, Cuidar, Generar y hacer Crecer.

En este libro encontrarás los dos primeros procesos. Contiene las técnicas y herramientas claves para tu gestión y protección del dinero. Conseguirás mejorar tu relación con él y sacarle más provecho. No necesitas más ingresos, pero tienes en el interior ideas para incrementarlos. El libro va dirigido a aquellas personas que desean disfrutar de mayor abundancia y prosperidad, superando la escasez mental y económica.

Se trata de un libro de finanzas para no financieros con el que aprendes una gestión inteligente e ingeniosa de tus finanzas personales y así llegar mucho mejor a fin de mes. Para sacarle todo el jugo a este libro no necesitas conocimientos sobre contabilidad o finanzas. Todo lo que se explica son claves para todos que te permiten mejorar tu situación con los medios de los que ya dispones.

Ser un Trader está de moda, de eso no hay duda…

Con el Trading puedes despedir a tu jefe, trabajar sin horarios desde cualquier lugar, ganar más dinero y disfrutar de más tiempo libre... Suena bien, ¿verdad? Cuidado, no es oro todo lo que reluce… El sistema está montado para convertirte en un perdedor desde el primer minuto, a menos que conozcas las reglas del juego y sepas proteger tu dinero.

De eso trata este libro, a través de 33 Tips el autor te enseña cómo puedes ganar dinero haciendo Trading, a la vez que evitas caer en las trampas en las que se ven atrapados una y otra vez muchos de los que emprenden este viaje, dejándose allí con ellos sus sueños de una vida mejor.

Aplica lo que aprenderás en estas páginas y estarás mucho mejor preparado para la batalla que la inmensa mayoría de seres que pueblan esta jungla a la que llamamos mercados…

Cuando llegues a la última página, cierra el libro.
                    PROVERBIO CHINO

www.ingramcontent.com/pod-product-compliance
Lightning Source LLC
Chambersburg PA
CBHW020443220526
45464CB00002B/834